AF495012

18 FEVR. 1914

P

VENTE

Du Mercredi 18 Février 1914

HOTEL DROUOT, SALLE N° 6

A DEUX HEURES

TABLEAUX ANCIENS

ET MODERNES

AQUARELLES, DESSINS, PASTELS

GRAVURES

COMMISSAIRE-PRISEUR

Me HENRI BAUDOIN

EXPERT

M. JULES FÉRAL

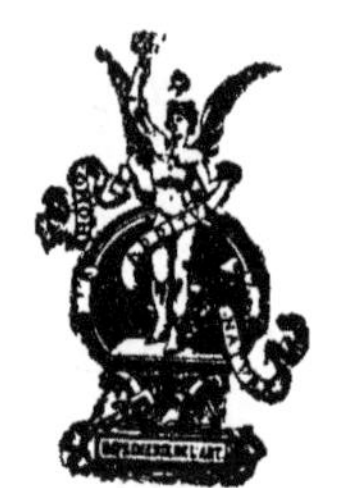

CATALOGUE

DES

Tableaux Anciens

ET MODERNES

Par :

P. VAN ASCH, J. BACHELIER, B. DE BAR, N. BERGHEM, CH. COYPEL
J.-B. DESHAYS, M. DUPLESSIS, A. EVERDINGEN, J. HEINSIUS, S. LANTARA
J.-B. LEPRINCE, A. LOCATELLI, A. VAN DER NEER
B. OMMEGANCK, A. PALAMÈDES, H. RIGAUD, P. SUBLEYRAS, C. VERNET

N. DIAZ, C. ROQUEPLAN, C. TROYON

AQUARELLES, DESSINS, PASTELS

Par :

J.-B. GREUZE, J. PILLEMENT, A. RAFFET

GRAVURES

DONT LA VENTE AURA LIEU A PARIS

HOTEL DROUOT, SALLE N° 6

LE MERCREDI 18 FÉVRIER 1914

à deux heures

COMMISSAIRE-PRISEUR
Me HENRI BAUDOIN
10, rue de la Grange-Batelière

EXPERT
M. JULES FÉRAL
7, rue Saint-Georges

EXPOSITION PUBLIQUE

Le Mardi 17 Février 1914, de deux heures à six heures

CONDITIONS DE LA VENTE

Elle sera faite au comptant.

Les adjudicataires paieront *dix pour cent* en sus des enchères.

Paris. — Imp. de l'Art, Ch. Berger, 41, rue de la Victoire

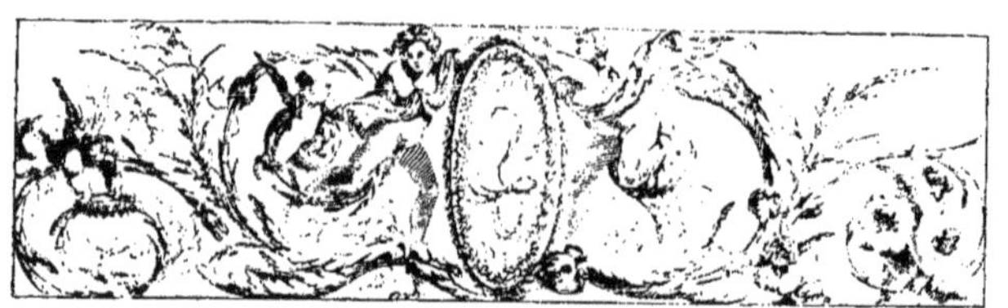

DÉSIGNATION

GRAVURES

BOILLY

(D'après)

1 — *Nous etions deux, nous voilà trois.*

Gravure imprimée en couleurs, par G. Vidal.

GÉRARD

(D'après Mlle Marguerite)

2 — *Je m'occupois de vous.*

Gravure imprimée en couleurs, par G. Vidal.

HOPPNER

(D'après JOHN)

3 — *The Show.*

Gravure en couleur, par YOUNG.

MOILAND

(D'après)

4 — *Les Noisettes.*

Gravure en couleur, par MIXELL.

MORLAND

(D'après G.)

5 — *L'Africain hospitalier.*

6 — *La Traite des nègres.*

Deux gravures en couleur, par la citoyenne ROLLET.

WILLIAMS

(D'après W.)

(DEUX PENDANTS)

7 — *Curtschip.*

8 — *Matrimony.*

Gravures en noir.

ÉCOLES ANGLAISE ET FRANÇAISE

9 — Treize gravures en noir et en couleur, dont une est encadrée.

10 à 12 — Trois gravures, d'après LA TOUR, LAVREINCE et Mme VIGÉE-LEBRUN.

AQUARELLES

DESSINS, PASTELS

BACLER-D'ALBE

(LOUIS-ALBERT-GHISLAIN, BARON DE)

(DEUX PENDANTS)

13-14 — *Paysages avec figures et animaux.*

Aquarelles gouachées.

Signées et datées, l'une *1791*, l'autre *1793*.

Haut., 37 cent.; larg., 50 cent.

ÉCOLE FRANÇAISE

(XVIIIe siècle)

15 — *Jeune Femme coiffée d'un chapeau de paille.*

Pastel de forme ovale.

Haut., 59 cent.; larg., 48 cent.

ÉCOLE FRANÇAISE

(XVIIIe siècle)

16 — *Jeune Femme tenant un petit chien.*

Pastel de forme ovale.

Haut., 55 cent.; larg., 44 cent.

ÉCOLE FRANÇAISE

17 — *Portrait de Femme assise.*

Pastel.

Haut., 55 cent.; larg., 43 cent.

ÉCOLE FRANÇAISE

18 — *Paysage avec constructions et cours d'eau.*

Dessin de forme ronde, au lavis de bistre.

Daté : *1834*.

Diam., 13 cent.

GÉRARD

(D'après le BARON)

19 — *Jeune Fille assise dans un parc.*

En robe blanche décolletée, un manteau rouge drapé autour de la taille, elle est accoudée sur un fût de colonne.

Pastel.

Haut., 79 cent.; larg., 63 cent.

GILLOT

(Attribué à CLAUDE)

20 — *Plusieurs Figures en buste sur une même feuille.*

On lit en haut : *Il en faut deux comme celle-là différemment habillées.*

Dessin à la sanguine.

Haut., 19 cent.; larg., 20 cent.

GREUZE

(JEAN-BAPTISTE)

21 — *La Prière.*

Une jeune fille aux cheveux blonds pendants, vêtue d'une robe blanche avec un fichu noir drapé sur les épaules, est agenouillée dans une chambre, les mains jointes, sur un lit.

Pastel.

Haut., 59 cent.; larg., 51 cent.

La peinture se trouve au musée de Montpellier.

KAUFFMANN

(Attribué à ANGÉLICA)

22 — *Allégorie à l'Art du Dessin.*

Dessin au bistre.

Haut., 60 cent.; larg., 45 cent.

KAUFFMANN

(Attribué à ANGÉLICA)

23 — *Jeune Femme étendue dans un parc.*

Aquarelle gouachée, de forme ovale.

Haut., 27 cent.; larg., 35 cent.

LAVREINCE

(Genre de NICOLAS)

24 — *Jeune Fille coiffée d'un bonnet de mousseline.*

Aquarelle.

Haut., 16 cent.; larg., 11 cent.

LE PAON

(JEAN-BAPTISTE)

25 — *Cavaliers chargeant le sabre levé.*

Dessin au lavis d'encre de Chine et au bistre. Signé en bas à droite.

Haut., 37 cent.; larg., 26 cent.

LEPRINCE

(JEAN-BAPTISTE)

26 — *Paysans russes.*

Dessin au lavis d'encre de Chine.

Signé et daté : *1767*.

Haut., 28 cent.; larg., 20 cent.

LOCATELLI

(ANDRÉA)

27 — *Paysage d'Italie.*

Près d'une fontaine monumentale, dont les ruines se dressent dans un paysage accidenté, de nombreux paysans se reposent sur un chemin sinueux.

Gouache.

Haut., 38 cent.; larg., 65 cent.

PILLEMENT

(JEAN)

28 — *Pêcheurs au bord d'un cours d'eau.*

Dessin au crayon noir.

Signé sur la monture et daté : *1768*.

Haut., 35 cent.; larg., 39 cent.

Cadre en bois sculpté.

RAFFET

(DENIS-AUGUSTE-MARIE)

29 — *Bonaparte sur un champ de bataille.*

Dessin au lavis de bistre.

Signé à gauche.

Haut., 11 cent.; larg., 10 cent.

VERNET

(CARLE)

30 — *La Prise de Mayence.*

31 — *La Bataille d'Arcis-sur-Aube.*

32 — *Attaque de Granville.*

33 — *Attaque de Nantes.*

Dessins au lavis de bistre.

Haut., 10 cent.; larg., 15 cent.

TABLEAUX ANCIENS
ET MODERNES

ASCH
(PIERRE VAN)

34 — *Paysage, avec villageois sur une route.*

A droite, un homme coiffé d'un large chapeau de feutre est debout sur une route, causant avec une femme couchée devant un buisson; à gauche, une vallée fermée à l'horizon par des collines.

Bois. Haut., 38 cent.; larg., 33 cent.

AVERCAMP
(HENDRICK VAN)

35 — *Scène de patinage.*

De nombreux personnages patinent sur une rivière. Des gentilshommes jouent au hockey. Des chaumières sont couvertes de neige.

Bois. Haut., 39 cent.; larg., 69 cent.

Cadre en bois sculpté.

BACHELIER

(JEAN-JACQUES)

36 — *Amours chasseurs.*

Des amours sont réunis dans la campagne ; l'un d'eux est debout, tenant un arc d'une main et de l'autre un ruban passé autour du cou d'un chien : à gauche, des oiseaux morts.

Toile. Haut., 67 cent.; larg., 1 m. 18 cent

BAR

(BONAVENTURE DE)

37 — *Fête champêtre.*

Une foule de personnages sont réunis sur la place d'un village. Au pied d'un arbre, des musiciens, un joueur de cornemuse, monté sur un tonneau, font danser les villageois. A gauche, devant une auberge, on boit et on chante. Vers le fond, des constructions rustiques limitent l'horizon, laissant voir les sommets de hautes collines.

Toile. Haut., 80 cent.; larg., 1 m. 02 cent.

BARRIAS

(FÉLIX)

38 — *La Fileuse.*

Assise dans l'embrasure d'une fenêtre, le visage retourné vers le spectateur, une Italienne étire de la main gauche le chanvre de sa quenouille, et de l'autre tourne le fuseau.

Signé : *F. Barrias, Rome 1846.*

Toile. Haut., 97 cent.; larg., 72 cent.

BERGHEM

(CLAES PIETERSZ)

39 — *Le Pâturage.*

Au centre d'un pâturage qui s'étend dans un site accidenté, une femme trait une vache blanche, tandis qu'une autre femme, en corsage rouge, transvase du lait dans des baquets de bois; des vaches, des moutons et des chèvres paissent. A gauche, une mare; plus loin, une chaumière entourée d'arbres.

Signé à droite et daté : *1642.*

Bois. Haut., 52 cent.; larg., 70 cent.

BERGHEM

(Attribué à CLAES PIETERSZ)

40 — *Le Passage du Gué.*

Bois. Haut., 34 cent.; larg., 42 cent.

BOUCHER

(D'après FRANÇOIS)

41 — *Paysage des environs de Beauvais.*

Toile. Haut., 71 cent.; larg., 91 cent.

Cadre en bois sculpté.

Cette composition a été gravée par LEBAS en 1744.

BOUTON

(CHARLES-MARIE)

42 — *Intérieur de cloître.*

Signé à gauche.

Toile. Haut., 43 cent.; larg., 32 cent.

CONSTABLE

(Attribué à JOHN)

43 — *Vue des environs de Londres.*

Toile. Haut., 48 cent.; larg., 58 cent.

COSWAY

(Attribué à RICHARD)

44 — *Portrait d'Homme.*

A mi-corps, tourné vers la gauche, le visage presque de face, il porte un habit vert olive boutonné sur un gilet gris; un jabot de mousseline blanche s'échappe entre les revers de l'habit.

Toile. Haut., 76 cent.; larg., 65 cent.

COYPEL

(CHARLES)

45 — *La Lettre surprise.*

Une jeune fille aux cheveux blonds ornés de chaînes de perles, vêtue d'une robe de satin blanc recouverte d'une écharpe rose, est assise devant une table écrivant une lettre; derrière elle, une femme âgée, debout, les bras ouverts, paraît surprendre son secret.

Toile. Haut., 87 cent.; larg., 74 cent.

DAVID

(École de)

46 — *Portrait de Femme.*

A mi-corps, les cheveux bruns bouclés, corsage rouge décolleté.

Toile. Haut., 55 cent.; larg., 45 cent.

DESHAYS

(JEAN-BAPTISTE)

47 — *Jeune Femme en buste.*

Elle est représentée en buste, la tête appuyée sur un coussin et porte un bouquet de roses à son corsage bleu décolleté.

Toile. Haut., 41 cent.; larg., 32 cent.

DIAZ DE LA PENA

(NARCISSE)

48 — *Cavaliers orientaux traversant un gué.*

Signé des initiales.

Bois. Haut., 11 cent.; larg., 15 cent.

DUCREUX

(JOSEPH)

49 — *Portrait d'Homme assis.*

Le bras droit accoudé sur un socle de pierre, il est vêtu d'un habit bleu et tient de la main gauche un livre.

Toile. Haut., 89 cent.; larg., 70 cent.

DUJARDIN

(KAREL)

50 — *Les Marchandes de poisson.*

A la porte de la ville, qui s'ouvre à gauche et dont les constructions s'étagent en amphithéâtre au flanc d'une colline, les marchandes ont installé sommairement leur éventaire. Une femme à grande collerette blanche est en train d'acheter.

Au fond, sur la campagne, un grand nuage dans le ciel bleu.

Signé en bas.

Bois. Haut., 43 cent.; larg., 56 cent.

DUNEUFGERMAIN

(Mlle)

(XVIIIe siècle)

51 — *Portrait du Maréchal de Saxe.*

Il est représenté en buste, un manteau rouge drapé sur sa cuirasse, le visage souriant au spectateur.

On lit à gauche : *Fait par Mlle Duneufgermain.*

Toile. Haut., 63 cent.; larg., 51 cent.

DUPLESSIS

(C. MICHEL)

52 — *Le Bivouac.*

Une troupe de soldats campe dans les ruines, au bord d'un cours d'eau ; au centre, des cavaliers, l'un en armure montant un cheval blanc.

Bois. Haut., 52 cent.; larg., 75 cent.

ÉCOLE ALLEMANDE

(XVIe siècle)

PENDANT DU SUIVANT

53 — *Le Christ portant la croix.*

Au revers du panneau, un évêque peint en grisaille.

Volet de triptyque.

Bois. Haut., 1 m. 05 cent.; larg., 55 cent.

ÉCOLE ALLEMANDE

(XVIe siècle)

(PENDANT DU PRÉCÉDENT)

54 — *Le Christ descendu de la croix.*

Au revers du panneau, un personnage tenant une bannière.

Grisaille.

Volet de triptyque.

Bois. Haut., 1 m. 05 cent.; larg., 35 cent.

ÉCOLE ALLEMANDE

(XVIe siècle)

55 — *L'Adoration des Mages.*

La Vierge est assise sous un toit de chaume et présente aux rois, venus pour l'adorer, l'Enfant Jésus nu et debout sur ses genoux. Près d'elle se tient saint Joseph.

Fond de paysage avec constructions et cours d'eau.

Bois. Haut., 1 m. 56 cent.; larg., 1 m. 16 cent.

ÉCOLE ALLEMANDE

(XVIIe siècle)

56 — *Bords de rivière, avec chasseurs.*

Bois. Haut., 20 cent.; larg., 27 cent.

ÉCOLE ALLEMANDE

(XVIIIe siècle)

57 — *Portrait de Femme assise dans un fauteuil.*

Toile. Haut., 85 cent.; larg., 70 cent.

ÉCOLE ANGLAISE

(XVIIIe siècle)

58 — *Portrait de Femme en robe blanche.*

Toile. Haut., 66 cent.; larg., 56 cent.

ÉCOLE FLAMANDE

(XVIe siècle)

59 — *Un Donateur agenouillé.*

Volet de triptyque.

Bois. Haut., 55 cent.; larg., 18 cent.

ÉCOLE FLAMANDE

(XVIIe siècle)

60 — *Deux Enfants se disputant une pomme.*

Toile. Haut., 59 cent.; larg., 73 cent.

ÉCOLE FLAMANDE

(XVIIIe siècle)

61 — *Une Kermesse.*

Une foule de paysans dansent au premier plan au son d'un orchestre de musiciens qui sont installés au pied de grands arbres ; dans le fond et à droite, une rivière baignant une ville est animée de bateaux.

Toile. Haut., 83 cent.; larg., 98 cent.

ÉCOLE FRANÇAISE

(XVIIIe siècle)

62 — *Amours jouant avec des fleurs.*

Des amours portés sur un nuage jouent avec une couronne et des guirlandes de fleurs ; à droite, des roses et des marguerites sont réunies dans un panier d'osier ; à gauche, un enfant nu, drapé d'une écharpe rouge, est agenouillé devant un vase posé sur un socle de pierre.

Toile. Haut., 72 cent.; larg., 81 cent.

ÉCOLE FRANÇAISE

(Fin du XVIIIe siècle)

63 — *Jeune Femme et son âne dans la campagne.*

Signé à droite : *J.-B. Leprince*, et daté.

Toile. Haut., 16 cent.; larg., 21 cent.

ÉCOLE FRANÇAISE

(Commencement du XIXe siècle)

(DEUX PENDANTS)

64 — *Une Jeune Femme et ses Enfants.*

65 — *Jeune Femme et Petit Garçon dans une écurie.*

Bois. Haut., 33 cent.; larg., 25 cent.

ÉCOLE HOLLANDAISE

(XVIIe siècle)

66 — *Portrait d'une Famille hollandaise.*

Ils sont représentés dans la campagne. Un gentilhomme vêtu d'un habit noir, coiffé d'un haut chapeau, est debout, faisant un geste de la main droite. Près de lui, une fillette tient dans ses deux mains un bouquet de fleurs. A droite, une dame en robe noire et jupe de soie changeante est assise sur un tertre. Une petite fille appuyée sur ses genoux la regarde en souriant.

On remarque à droite un monogramme *A. V.* et la date : *1649*, qui nous paraissent avoir été apposés postérieurement à la peinture.

Toile. Haut., 96 cent.; larg., 1 m. 20 cent.

ÉCOLE HOLLANDAISE

(XVIIe siècle)

67 — *Paysage animé de figures.*

Sur une route qui traverse la campagne, on remarque un villageois en veste rouge, culotte bleue, monté sur un âne et accompagné d'un pâtre qui pousse devant lui un troupeau de chèvres et de moutons ; à droite, une charrette attelée d'un cheval blanc est suivie de deux hommes à pied. Dans le fond, une vallée s'étend sous le soleil ; à gauche, un bouquet de grands arbres.

Bois. Haut., 59 cent.; larg., 90 cent.

ÉCOLE HOLLANDAISE

(XVIIe siècle)

68 — *Un Buveur.*

Un homme assis dans un intérieur sur un panier renversé tient de ses deux mains une cruche dont il regarde l'intérieur. Dans le fond, un feu est allumé sous une haute cheminée.

Bois. Haut., 24 cent.; larg., 20 cent.

ÉCOLE ITALIENNE

(XVIe siècle)

69 — *Une Prédelle.*

Elle présente trois compartiments :

1° Le Martyre de saint Laurent ;

2° La Mise au tombeau ;

3° Une Prédication.

Bois. Haut., 27 cent.; larg., 1 m. 56 cent.

ÉCOLE ITALIENNE

(XVIIe siècle)

70 — *Le Déluge.*

Toile. Haut., 36 cent.; larg., 44 cent.

EVERDINGEN

(ALLART VAN)

71 — *Paysage de Norvège.*

Un torrent coule au premier plan entre des rochers ; plus loin, deux hommes et une femme traversent une passerelle de bois jetée sur un cours d'eau. Une église entourée de constructions domine une éminence se détachant dans la verdure. Une chaîne de montagnes s'étend à l'horizon sous un ciel nuageux doré par les rayons du soleil.

On lit à gauche la signature de *J. Ruysdael.*

Toile. Haut., 1 m. 20 cent.; larg., 94 cent.

FILLEUL

(MADAME)

XVIIIe siècle

72 — *Portrait de Madame Royale.*

Une petite fille aux cheveux blonds serrés sur la tête par un ruban bleu et tombant en boucles sur les épaules, coiffée d'un grand chapeau de paille, vêtue d'un corsage de soie jaune rayé, décolleté, et orné d'un fichu de gaze et d'un œillet, est représentée en buste, de face, la tête inclinée sur la droite.

Fond de paysage.

Toile. Haut., 45 cent.; larg., 37 cent.

Ce portrait nous semble inspiré du tableau de Mme Vigée-Lebrun qui est au château de Versailles.

FLINCK

(Attribué à GOVERT)

73 — *Portrait de Femme.*

Coiffée d'un voile noir, vêtue d'une robe verte brodée d'or, elle est représentée à mi-corps, la main droite tenant une houlette.

Bois. Haut., 22 cent : larg., 18 cent.

FRANCK

74 — *Le Portrait de la Favorite.*

Bois. Haut., 62 cent.: larg., 46 cent.

GIORDANO

(D'après LUCA)

75 — *Suzanne et les deux Vieillards.*

Toile. Haut., 1 m. 12 cent.; larg., 1 m. 40 cent.

HEINSIUS

(JEAN-JULES)

76 — *Portrait d'un Gentilhomme.*

Vu à mi-corps, de trois quarts à droite, en habit de velours bleu ouvert sur un gilet de satin jaune.

Signé et daté : *1784.*

Toile. Haut., 64 cent.; larg., 50 cent.

HEINSIUS

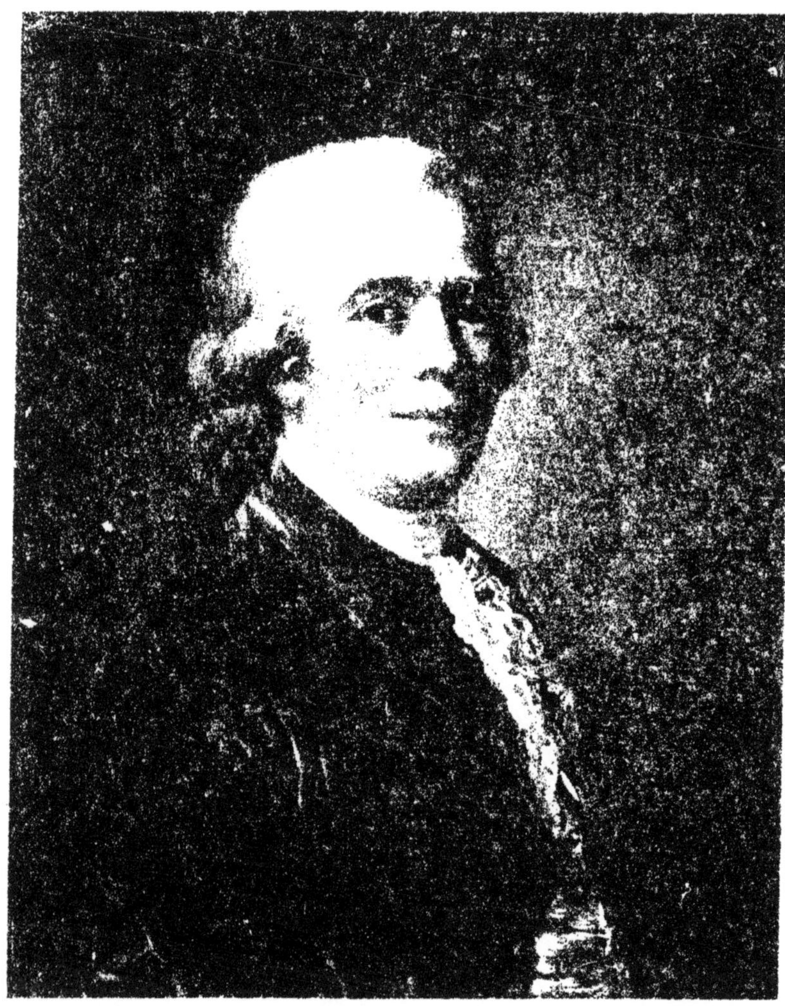

Portrait d'un Gentilhomme

HEINSIUS

[illegible]

[illegible] — *Portrait d'un Gentilhomme.*

[illegible]

[illegible]

[illegible]

HEINSIUS

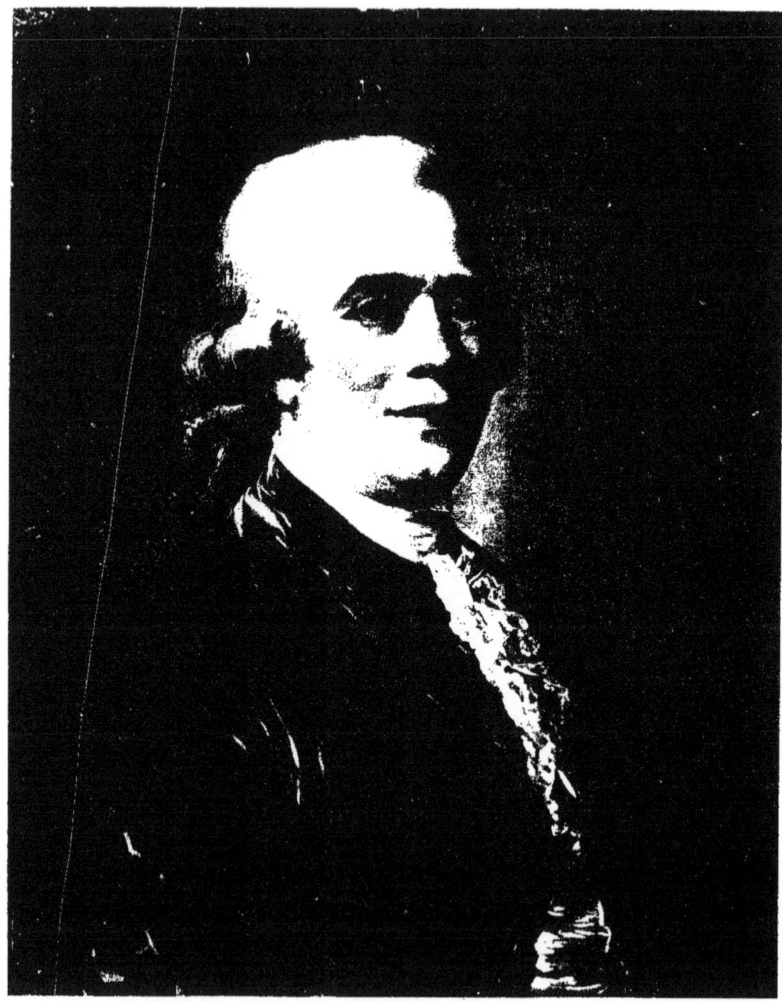

HÉLIO LÉON MAROTTE

Portrait d'un Gentilhomme

KIERINGS

(ALEXANDRE)

77 — *Paysage avec cours d'eau traversé par un pont de bois.*

Cuivre. Haut., 22 cent.; larg., 28 cent.

LANTARA

(SIMON-MATHURIN)

78 — *Paysage avec rochers au bord d'un cours d'eau.*

Bois. Haut., 15 cent.; larg., 20 cent.

LANTARA

(SIMON-MATHURIN)

79 — *Le Pont de bois.*

Bois. Haut., 14 cent.; larg., 20 cent.

LEPRINCE

(JEAN-BAPTISTE)

80 — *Jeune Femme en buste.*

Les cheveux bruns, bouclés et relevés sur le front, ornés de plumes jaune et bleue, des boucles pendant sur la nuque et les épaules, elle porte un corsage jaune décolleté sous un manteau de soie bleue ; le haut du corps est incliné sur la droite.

Toile. Haut., 31 cent.; larg., 22 cent.

LINGELBACH

(Attribué à JEAN)

81 — *Chevaux devant une chaumière.*

Bois. Haut., 24 cent.; larg., 25 cent.

MIGNARD

(École de)

82 — *Portrait de Femme.*

En corsage de brocart avec manteau bleu.

Bois de forme ovale. Haut., 24 cent.; larg., 20 cent.

MIGNARD

(École de)

83 — *Portrait présumé de Marie de Cossé, duchesse de la Maillerais.*

Toile. Haut., 78 cent.; larg., 64 cent.

Cadre en bois sculpté.

NEER

(AERT VAN DER)

84 — *Bords de rivière en Hollande.*

Une large rivière coule entre deux rives boisées, ses eaux claires reflètent les rayons de la lune qui apparaît sur un ciel nuageux ; à droite, des pêcheurs dans une barque tirent un filet ; un moulin à vent s'élève au bord du cours d'eau, dans un village dont les maisons sont entourées de grands arbres. Au premier plan, deux personnages sur un tertre; à gauche, deux maisons devant un bouquet d'arbres.

Bois. Haut., 60 cent.; larg., 85 cent.

NEUVILLE

(ALPHONSE DE)

85 — *Un Artilleur.*

Debout, montant la garde, il tient son sabre. Signé et daté : *1874.*

Bois. Haut., 27 cent.; larg., 18 cent.

OMMEGANCK

(BALTHASAR-PAUL)

86 — *Moutons au pâturage.*

L'un est couché, l'autre marche; dans le fond, une vallée sous les rayons du soleil couchant.

Signé en toutes lettres, à gauche.

Bois. Haut., 28 cent.; larg., 25 cent.

OSTADE

(Attribué à ADRIAEN VAN)

87 — *Buste d'Homme.*

Bois de forme ronde. Diam., 8 cent.

PALAMÈDES

(ANTHONIE)

88 — *Le Concert.*

Des dames et des gentilshommes sont réunis dans un intérieur. Au centre, une jeune femme en robe bleue, jupe jaune, est assise tenant une partition ouverte. Un musicien debout joue du violon. Au premier plan, un autre gentilhomme vu de dos, coiffé d'un large chapeau de feutre, joue de la contrebasse. A droite, un couple est assis près d'une table couverte d'un tapis rouge ; l'homme tient un verre de vin. Deux autres personnages sont debout au second plan.

Bois. Haut., 47 cent.; larg., 43 cent.

POEL

(VAN DER)

89 — *L'Incendie de Troie.*

Une ville fortifiée et d'architecture moyen-âge est la proie des flammes. Des lueurs rouges embrasent le ciel. Des hommes d'armes pénètrent par une brèche ouverte à gauche et donnant accès à une place publique où l'on remarque le cheval épique. A droite, Énée s'enfuit portant Anchise sur son dos.

Signé au premier plan et à gauche : *Van der Poel.*

Bois. Haut., 58 cent.: larg., 65 cent.

Ancienne Collection Lenglart.

4

POUSSIN

(GASPARD DUGHET, dit LE GUASPRE)

90 — *Paysage historique.*

Au premier plan, un cours d'eau avec cascade ; plus loin, sur une éminence, les constructions d'un château.

Bois. Haut., 75 cent.; larg., 1 m. 04 cent.

REMBRANDT

(École de)

91 — *Portrait de Jeune Homme.*

Les cheveux bruns bouclés, couvert d'un manteau de couleur verdâtre, une écharpe autour du cou, il est représenté à mi-corps, de trois quarts à droite, la tête tournée vers le spectateur.

Bois. Haut., 34 cent.; larg., 24 cent.

Cadre en bois sculpté.

REMBRANDT

(Genre de)

92 — *L'Adoration des Bergers.*

Toile. Haut., 97 cent.; larg., 72 cent.

RIGAUD

(HYACINTHE)

93 — *Portrait d'un Cardinal.*

A mi-corps, tourné vers la gauche, le regard dirigé vers le spectateur, il porte sur les épaules le camail de soie rouge.

Toile. Haut., 66 cent.; larg., 53 cent.

RIGAUD

(École de HYACINTHE)

94 — *Portrait d'Homme en armure.*

Toile. Haut., 69 cent.; larg., 54 cent.

Cadre en bois sculpté

RIGAUD

(École de)

95 — *Portrait de Jean-Baptiste Colbert, Marquis de Seignelay.*

Il est représenté en pied, debout sur une terrasse, vêtu d'un habit de velours rouge galonné d'or, une écharpe bleue drapée sur l'épaule et portant l'insigne du Saint-Esprit.

Toile chantournée dans la partie supérieure.

Haut., 2 m. 15 cent.; larg., 1 m. 50 cent.

RŒMERSWAELEN

(MARINUS VAN)

96 — *Un Ermite.*

Un moine drapé d'une robe rouge est représenté à mi-corps sous une grotte. Les mains jointes, il prie devant un crucifix.

Bois. Haut., 55 cent.; larg., 65 cent.

ROQUEPLAN

(CAMILLE)

97 — *La Partie de cartes.*

Bois. Haut., 27 cent.; larg., 35 cent.

STEFFELAAR

(CORNELIS)

98 — *Oiseaux morts.*

Un canard et divers oiseaux morts sont groupés sur une planche posée à terre.

Signé à gauche en bas et daté : *1818.*

Bois. Haut., 45 cent.; larg., 61 cent.

SAVOŸ

(G.-V.)

99 — *Portrait de Jeune Femme tenant un éventail.*

Vue jusqu'aux genoux, de trois quarts à gauche, les cheveux blonds bouclés sous une coiffe ornée de chaînes de perles, elle porte une robe noire ouverte sur une jupe rouge brodée.

Signé à gauche : *G. V. Savoÿ, 1657.*

Toile. Haut., 1 m. 03 cent.; larg., 85 cent.

Cadre en bois sculpté.

SUBLEYRAS

(PIERRE)

100 — *La Vertu triomphant des vices.*

Composition allégorique.

Toile. Haut., 62 cent.; larg., 51 cent.

SUSTERMANS

(JUSTUS)

101 — *Portrait d'Homme.*

En buste, la barbe et les cheveux gris, habit noir, col blanc rabattu, vu presque de face.

Toile. Haut., 50 cent.; larg., 40 cent.

TENIERS

(Attribué à DAVID)

102 — *La Boucherie.*

Un bœuf éventré est suspendu dans un intérieur. Une jeune femme, penchée sur un billot, tient un couteau de la main droite. Au second plan, plusieurs personnages s'entretiennent devant une cheminée, un homme est vu de dos dans l'embrasure d'une porte.

En bas, à droite, le monogramme de *David Teniers.*

Bois. Haut., 72 cent.; larg., 1 m. 05 cent.

Cadre en bois sculpté.

TIEPOLO

(Genre de G.-B.)

103 — *Moïse sauvé des eaux.*

Toile. Haut., 66 cent.; larg., 1 m. 38 cent.

TIEPOLO

(Genre de G.-B.)

104 — *Allégorie décorative pour un plafond.*

Toile. Haut., 65 cent.; larg., 1 m. 12 cent.

TROYON
(CONSTANT)

105 — *Un Berger et son chien.*

Étude signée des initiales.

Toile. Haut., 26 cent.; larg., 33 cent.

VERNET
(ANTOINE-IGNACE)

106 — *Vue de la Baie de Naples.*

Un château s'élève sur une terrasse au-dessus d'un rocher qui domine la mer ; au premier plan, des pêcheurs.

Signé à droite et daté : *1770*.

Toile. Haut., 58 cent.; larg., 71 cent.

VOIS
(ARIE DE)

107 — *Un Jeune Gentilhomme.*

Les cheveux blonds, bouclés, pendant sur les épaules, coiffé d'un large chapeau de feutre empanaché de plumes, il est couvert d'un vêtement noir aux larges manches, la main droite posée sur la poitrine retient un collier d'orfèvrerie.

Bois. Haut., 20 cent.; larg., 16 cent.

WATTEAU

(D'après ANTOINE)

108 — *La Danse.*

Toile de forme ovale. Haut., 85 cent.; larg., 68 cent.

WYRSCH

(JEAN-MELCHIOR-JOSEPH)

109 — *Portrait d'une Dame allemande âgée.*

On lit derrière une inscription relative au personnage et la signature : « *Peint par Wyrsch, 1777.* »

Toile de forme ovale. Haut., 66 cent.; larg., 54 cent.

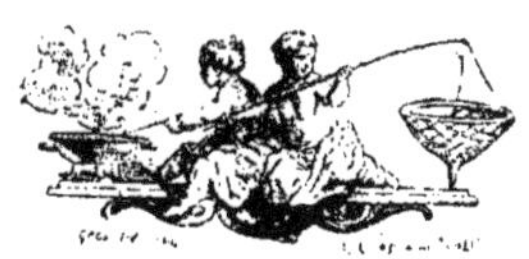

www.ingramcontent.com/pod-product-compliance
Ingram Content Group UK Ltd.
Pitfield, Milton Keynes, MK11 3LW, UK
UKHW022141170726
13837UKWH00004B/1696